Índice

¿Puedes encontrar estas palabras?

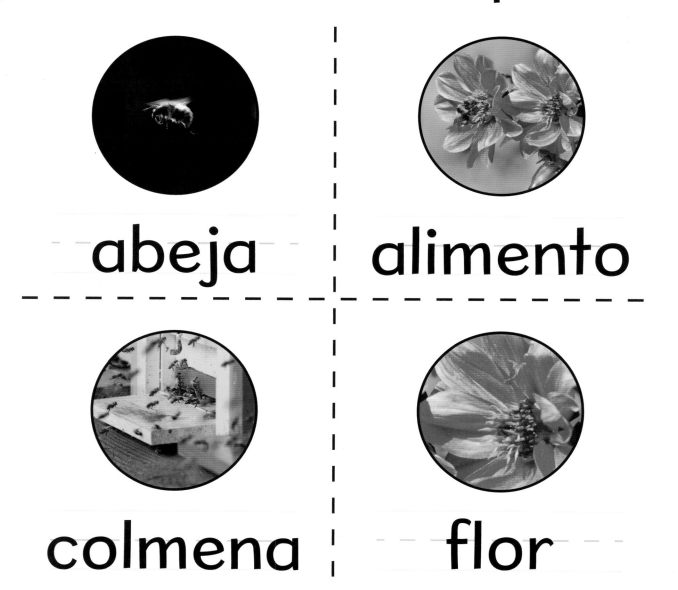

abeja

alimento

colmena

flor

Las abejas zumban

abeja

Oigo un zumbido. ¡Veo una **abeja**!

3

La abeja busca **alimento**.
La abeja ve un jardín.

flor

La abeja encuentra alimento en una **flor** roja.

La abeja vuela a su **colmena.**

Muchas abejas viven allí.

colmena

La abeja baila. Zumba.

Otras abejas ven y escuchan.
¡Saben a dónde ir!

Las abejas vuelan al jardín.

Encuentran alimento.

Las abejas vuelan a casa.

Todas las abejas duermen.

¿Encontraste estas palabras?

Oigo un zumbido. ¡Veo una **abeja!**

La abeja busca **alimento.**

La abeja vuela a su **colmena.**

La abeja encuentra alimento en una **flor** roja.

Glosario fotográfico

abeja: insecto volador con cuatro alas que recoge polen para hacer miel.

alimento: cualquier sustancia nutritiva que comen o beben las personas o los animales, o que absorben las plantas, para mantenerse con vida.

colmena: estructura en la que las abejas construyen un panal.

flor: la parte colorida de una planta que produce semillas o frutos.

Índice analítico

Sobre la autora

Lisa K. Schnell escribe libros para niños. También le gusta bailar, hacer arte y ver las abejas que visitan su jardín de plantas autóctonas.

www.rourkeeducationalmedia.com

PHOTO CREDITS: Cover: ©StudioSmart; p.2,3,14,15: ©kozorog; p.2,4-5,14,15: ©MirekKijewski; p. 2,6-7,14,15: ©AlesVeluscek; p.8-9: ©zhang bo; p.10-11: ©yuliang11; p.12-13: ©guraydere

Edición: Keli Sipperley
Diseño de la tapa e interior: Rhea Magaro-Wallace
Traducción: Santiago Ochoa
Edición en español: Base Tres

Library of Congress PCN Data
Las abejas zumban / Lisa K. Schnell
(Plantas, animales y personas)
ISBN (hard cover - spanish)(alk. paper) 978-1-73160-520-7
ISBN (soft cover - spanish) 978-1-73160-533-7
ISBN (e-Book - spanish) 978-1-73160-526-9
ISBN (e-Pub - spanish) 978-1-73160-712-6
ISBN (hard cover - english)(alk. paper) 978-1-64156-157-0
ISBN (soft cover - english) 978-1-64156-213-3
ISBN (e-Book - english) 978-1-64156-268-3

Library of Congress Control Number: 2018967476

Printed in the United States of America, North Mankato, Minnesota